Martin Luther

ka

Chhota Catechizum

S A L M

SouthAsiaLutheranMission.com

Mashmoolat

Martin Luther Ka Deebacha

Matin Luther ki taraf se *tamam imandar, mutaqi paasbano aur mubalgheen ko* humaray khudawand yessu masih ka fazl aur itmanaan hasal ho. Afsosnaak, qabil e raham haalat jis ka mujhay haal he ilm hua jab mein muiana kar raha tha, iss ne mujhay majboor aur dubaao daala k mein iss catechism (maseehi nazariya) ko iss mukhtasar aur sada shakal mei muratab aur shaya karoun.

Aye meray piyare qadir e Mutlaq khuda meri madad farma. Ye mein ne kaisi bari tabahi dekhi hai. Aam admi ko, khas kar dehi ilakon mei, maseehi nazariya ke baaray mei kuch ilm nahi hai, aur badkismati se, bohat se padri sahiban iss ko mukamal taleem denay se maazoor aur naehal hain. Ye kehna sharam ki baat hogi. Aur phir bhi who sab baptismaafta maseehi kehlatay jaatay hain, aur hum sab ke saath mil kar paak rasoom mei shamil hotay hain, halanke naa tou who iss ka matlab jaantay hain, aur naa he duwaiy rabani, rasoolon ka aqeeda ya das ahkaam ki talawat kar saktay hain. Mukhtasar ye kay who wahshidarandon se kuch mukhtalaf nahi. Aur ab jab kay Anjeel (kushkhabri) aa chuki hai, who maseehi azadi ko ghalat istemaal karnay kay fun mei maharat haasal kar chukay hain.

Aye bishop sahibano, tum Maseeh ko kya jawab do gay, jis sharamnaak tor per tum ne logon ko nazar andaaz kar kay bhataknay diya aur ek lamhay kay liye bhi apna farz poora nahi kiya. Khudda ne unhein tumhari nigraani mei sonpa, magar tum ne har who kaam kiya jo tum ko tumharay rutbay kay lihaaz se nahi karna chahiay tha. Massehi mazhab ki tabahi sirif tumhari waja se hai, aur tum iss kay zimawaar ho. Mein umeed karta houn kea ap kay saath kuch bura na ho aur tamaam badbakhti aap se dur ho jai. Kiya ye beghairati aur behayai ki aalatareen shakal nahin kay aap ek taraf taqdees ka hukam daitay ho aur doosari taraf apni insaani rawaayat per issraar kartay ho. Aur iss kay saath aap ko iss baat ki bilkul parwah nahi kay log duwaiy rabani, aqeeda, das ahkaamat ya khudda kay kalam kay kisi hissay ko jaantay hain ya nahi? Afsos, tum par sud afsos!

Lehza mein khudda kay liye aap sab se iltaja aur wasiyat karta houn, meray piyaray sahibaan aur bhaiyo jo padri aur mubalagh hain apnay aap ko mansab kay faraiz ko apnay pooray dil se waqf kar, logon par aur khaas tor par naujawanon par raham karo. Aur who jo iss se behtar nahi kar saktaay hain. Agar aap mei se koi itna bayhunar hai kea ap ko inn muamalaat ka qatai ilm nahi, tou inn ishkaal aur ibaadatoun ko harf ba harf tahreer kar kay logon ko mundarjazail taraikay se mask karanay mei sharam mehsoos na karo.

Awal (sab se pehlay) aur sab se muqaddam, paasbaan ko baray ihtiyaat se das ahkaam, duwaiy Rabbani, aqeeda aur paak rasoomaat ki mukhtalaf ishkaal ya ibaaraat se gurez karna chahiay balkay kisi aisay qaida ka intekhaab karein, jis par who khud amal karta ho au saal bas aal zahen nashin ya takeed karta ho. Tahum mein yahan ye mashwara daita hun. Mujhay kuyunkay ilm hai ke naujawan aur sadaloh logon ko yaksaan tarteebshuda ibaaratoun aur shakaloun se parhaana chaiay, warna who aasaani se ulajhan mei par jaatay hain. Aaj jab ustaad unhein el tarz se sikhaata hai aur aglay saal kisi aur tareeqay, goya who apni danist mein behtri laanay kay liye chaahata hai, who iss tarah tamaam mehnat o mushaqat ko zaiya kar daita hai jo is ski tadrees mei kharch ki jaati hai.

Isskay elawa humaray baap dada bhi isko bari saleeqamandi se samajhtay thay. Kyunkay unn sab nay ek muqarra tarteebshuda, duwaiy rabbani, aqeeda aur das ahkaam kay liye ek he mattan istemaal kiya. Lehza humein bhi unn ki mustaedi ki taqleed karni chahiye aur naujawan aur sada loh logon ko sikhaanay kay liye dardmand rehna chaiye. Chahay kitni he baar catechism parhain who na kisi harf ko tabdeel karien na he unki tarteeb. Na kisi saal kay muqabalay mei doosaray saal mukhtalaf tareekay se duhrain.

Issliye aap jo chahain intakhab karein aur phir humesha kay liye uss par qaim rahein. Lekin jab aap parhay likhay aur zaheen logon ki mojudgi mei tableegh kartay hain tou aap apni maharat ka muzahira kar saktay hain, Aur unn hisson ko mukhtalaf andaaz aur zaviyon se dilkash andaaz mei pesh kar saktay hain. Lekin naujawano kay saath ek muqarra mustakal shakal aur andaaz par qaim rahein aur inn sab hisson mei se pehlay das ahkaam, aqeeda, duwaiy rabbani sikhain aur issi andaaz ko barqaraar rakhtay huay harf ba harf bhi, taakay who bhi ussay ussi andaaz mei duhraien aur yaad karanay ka ahid karein.

Lekin who jo seekhnay se inkaar kartay hain unhay bataya jana chahiye ke who Maseeh ka inkaar kar rahay hain aur who massehi nahi, unhain na paak rasoom mei shaamil kiya jai, na he baptisma kay liye zamin kay taur par Manzoor kiya jai, na he kisi massehi haqooq ko azaadi se istemaal karnay diya jai, balkay qatai taur par ussay pope aur uskay uhdadaraan kay hawala kiya jai, beshak khud iblees kay. Illawa azeen, unkay waledain aura ajar ko unhain khanay peenay ki ashiaa muhiya karnay se inkaar karna chahiye aur iss bhi behtar kay un ko khabadaar kiya jai kay aissay gutakh logon ko shahzada khud sultanat se kharja kar daiga.

Go ke hum kisi ko bhi imaan laanay kay liye na tou khud raazi ya majboor kar saktay, phir bhi humein purzore taraikay se logon se issraar karna chahiye ke who iss amar ko samjhein ke jis muaashray mei who rehtay aur apni zindagi basar karnay ki tamana rakhtay hain usski achaaiyoun aur burraiyoun ko janein. Kyunkay jo bhi kisi abaadi mei rehaishpazir hota hai laazim hai kay who uss basti kay tayshuda quvanein ka pabind ho taakay who uss jagah kay tamaam bunyadi haqooq se mustafeed ho sakay, iss se koi faraq nahi parta kay who imaandaar hai ya zaati taur par posheedgi mei badmaash aur faraibi hai.

Doum, jab who log anjil ki unn ayaat ko ahsan tareekay se zahen nasheen kar lein, tou unhein usskay mainay wazah karien taakay who usko samajh jaien, aur phir jaisa aap munaseb samjhein tarteeb shuda ibaraat aur ishkaal kay zariay mukhtasar taur se biyaan karein. Aa piss ko beghair radobadal kiay, yaksaanravi se, ek shosha bhi tabdeel kiye beghair jaari rakhein, jaisa pehlay uss hukum ya hissa ko khas taur par purzor ahmiyat do jo inn logon mei sab se ziyada, (adaifarz se kaaser raha hai) ghaflat ka shikaar hai. Barai misaal, satvaan hukum, jo choree se tauluq rakhta hai. Issko bari sargarmi se zarooratun kaarigaron aur sodagarron mei, balkay kissan aur khidmatgaar aur inn jaisay afraad mei bohat see iqsaam ki beimaani aur chorichakari aam hai. Aissay he tum zaroor chothay hukum par zor do, naujawano aura am maseehon par, taakay who pur sakoon, imaandaar, taabedaar aur pur itmanaan rahein. Aur tum humesha unko paak kalam se aisee misaalein muhiya karna jis se unn par ashkaar ho kay khudda ne kis tarah aisay logon par saza aur barkaat nazil kein.

Tum zaroor, khaaskar, hakimefaujdari aur waledein ko issraar se kaho kay who nihayat ihtiyat se hakoomat/ faisla karein aur apni aulaad ko aosee darsgahon mein bhejein, aur unn par ye iyaan karein kay ye inn ka farz hai aur agar who ye nahi kartay, tou who ek nihayat he nafratangez (laanati) gunnah kay murtakab hotay hain. Kyunkay apni iss ghaflat kay bayeswoh khudda ki aasmaani aur duniyavi saltanat ko tabbah o barbaad kartay hain, jaisay kay khudda aur insaan dono kay badtareen hareef houn. Aur unn par wazah taur par iyan karo kay agar who apnay bachon ko paasbaan, naaseh, muharar (musanaf) waghaira bannay kay liye rehnumai nahi kartay tou who unn ko kaisa bhaiyanak nuqsaan pohchatay hain. Aur khudda unko iss amal ki saza daiga. Iss kay liye aisee tableegh ki zaroorat hai. Diyanatdaari ki baat hai, kay mein aisay kisi unwaan se lailm houn jis ko iss se ziyada ahmiyat daini chahiye. Iss nisbat se waledein aur hakim e faujdar biyaan se baahir gunnah kay mutakab hain. Iblees bhi inn muamalon (afaal/ amoor) ki wajah se sifaak/ zalim mansooba bandi karta hai.

Aakhir mei, choonkay jab se pope ki zalimana hakoomat maukoof/ mansookh hui hai, log paak rasoom mei shaamil honay kay liye tiyyaar nahi hotay, aur who inn ko haqarat se ghar zaroori aur fazool girdantay hain. Yahan par hum phir unn se yeh samajhtay huay issraar karein, ke hum kisi ko imaan laanay par majboor nahi karein, ya paak ishaa hasil karein, na koi qanoon qaim karein, na waqt, na uskay liye jaggah, balkay is ski iss tarah tableegh karni hai jistarah bahum razamandi kay, beghair kisi qanoon kay, who khud issraar karein, jis se paasbaan majboor ho kar unkay liye paak ishaa (ka bandobast) faraham karay. Ye iss tarah bol kar bhi kiya ja sakta hai, "jo koi ek saal mein chaar martaba ishaai e rabbani lainay ki koshish nahi karta, who paak ishaa ki tahqeer karta hai aur maseehi nahi, ussi tarah who jo anjil par imaan nahi laata aur uski nahi manta who maseehi nahi hota." Maseeh ne yeh nahi kaha ke 'yeh tark karo' ya 'yeh haqeer jaano', balkay, 'jab bhi peeyo, yehi kiya karo'. Dar haqeeqat who yeh chahata hai ke aissa ho aur nahi chahata ke sarasar ghaflat ya nafrat ka shikaar ho. Uss ne kaha, 'aissa karo!'.

Ab jo bhi koi paak ishaa ko aala darja nahi daita who yeh zahir karta hai kay uskay liye gunnah kuch nahi, na badan, na iblees, na duniya, na maut, na khatra, na jahanum. Yani yeh kay, who aisee kisi baat par yaqeen nahi rakhta, halankay yeh sab uskay dil o dinagh ki paidawaar hai aur who dohiri taur se iblees kay chugal mei hai. (shaitaan ka hai). Iss kay baraks, ussay kisi fazal, zindigi, Jannat, bahist, Maseeh, khudda ya koi bhi achi cheez darkaar nahi. Kyunkay agar who yeh jaanta ke uss mein kitni bade hai aur ussay ussi qadar bohat naikee ki zaroorat hai, tou who kabhi bhi paak rasoomaat se ghafal na rehta, jis se who burraiy kay khilaf madad paata aur who bohat bhalaiy se sarfaraz hota. Na he yeh zaroori hai kay ussay kissi bhi qanoon kay tahat paak rasoom kay liye majboor kiya jai who bazaatekhud apni marzi se tez raftaari se bhaagta hua aaye aur khud apnay aap majboor ho har takaza karay kea ap usko zaroor paak ishaa dein.

Gharz, iss se mutalik aisa koi qanoon na banao jaisa pope ne kiya. Wazeh taur par paak rasoomaat se jurray fawaid aur nuqsanaat, zaroorat aur haajit, khatraat aur barkaat qaim karna aur log khud ba khud beghair tumharay israar kay challay aiyen gay. Magar, agar woh nahi aatay, tou unhain jaanay do aur bata do ke who iblees kay hain aur who na lihaaz, na mehsoos kartay hain ke unhaein kitni shaded iski zaroorat hai aur khudda kay fazal ki madad darkaar hai. Magar agar tum iss ka israar nahi kartay, ya qanoon nahi banatay ya paband nahi kartay tou yeh aapki ghaliti hai kay who paak ishaa ko haqeer jaantay hain. Agar aap he khaamosh aur khuwab aalooda hain tou who zaroor kahil aur sust kay elawa kya houngay? Iss liye tum, aye paasbaano aur mubashareen ghor karo. Humara uhada abb jo pope ki nigraani kay doraan tha, se mukhtalaf hai, aur abb yeh sanjeeda aur salaamati bakhsh zimadaari hai. Pas iss mei bohat mushkalaat aur mehnat, khataraat aur aazmaishein shaamil hain, aur, illawa azein, duniya mei iss ka ajar aur shukarguzari bohat kam hai. Magar Maseeh khud humara inaam ho ga agar hum imaandaari se jaanfishaani karein.

Abb aakhir mei, humaray baap aasmaani baap ka tamaam fazal humari madad farmaiy, jis ka shukar aur tareef khudawand yessu Maseeh kay zaraiy humesha tak hoti rahay. Ameen.

I

Das Ahkaam

Ghar ka sarbarah apnay khandaan ko kaisay
aasaan tareeqay se ye sikah sakta hai.

Pehla Hukam

Meray hazoor tug har maaboodon ko na manena,
tu apne liye koi tarashee hui moorat na banana. Na
kisi cheez ki soorat banana jo ooper aasmaan mei
ya neechay zameen par ho ya zameen kay neechay
paani mei hai. Tu unkay aagay sajjda na karna na
unki ibadat karna.

Iss ka kya matlab hai? *Jawaab:* Humein khudda kay khauf, piyaar aur bharossa ko sab se ziyada ahmiyat dena chaiye.

Doosra Hukam
Tu khudawand apnay khudda ka naam befaida na lena.

Iss ka kya matlab hai? *Jawaab:* Humein khudda kay khauf mei uss se piyar karna chahiye taakay hum usskay naam par laanat, Kassam, jaadu, jhoot ya dhoka na dein, balkay har zaroorat kay waqt ussay pukarein, duwa karein, hamd karein aur shukar adda karein.

Teesra Hukam
Tu sabat ka din paak manena.

Iss ka kya matlab hai? *Jawaab:* Humein khudda kay khauf mei uss se muhabat rakhni chahiye taakay hum khudda kay kalam ko phailanay se hakarat na karein, balkay uss ko muqadas maan kar Khushi se kalam ko sunein aur samjhein.

Chotha Hukam
Tu apnay baap aur apni maa ki izzat karna, taakay tumharay saath sab acha ho aur duniya mein tumhari umer lambi ho.

Iss ka kya matlab hai? *Jawaab:* Humein khudda kay khauf mei uss se muhabat karni chahiye, taakay hum apnay waledain ko hakeer na janein aur unhein naaraaz na karein. Balkay unkay saath izzat se paish aaiyein, unka ahtaraam karein aur piyaar se unki farmabardaari karein.

Panchwaan Hukam
Tu khoon na karna.

Iss ka kya matlab hai? *Jawaab:* Humein khudda kay khauf mei uss se piyaar karna chahiye. Taakay hum apnay parosi ko nuqsaan ya jismaani takleef na puhchaein balkay uski saari jismaani zarooratoun aur zindagi ki aazmaishon mei dost ban kar uski madad karein.

Chatta Hukam
Tu zinna na karna.

Iss ka kya matlab hai? *Jawaab:* Humein khudda kay khauf mei uss se muhabat rakhni chahiye, taakay hum apni guftaar aur kirdaar se ek pakeeza aur muhazab zindagi guzarein aur apnay shareek e hayyat ko piyaar aur izzat de sakein.

Saatvaan Hukam
Tu chori na karna.

Iss ka kya matlab hai? *Jawaab:* Humein khudda kay khauf mei uss se muhabat karni chahiye, taakay hum apnay parosi ka paisa, maal o daulay kisi dhokay ya faraibi sauday se nahi laina chahiye balkay uski madad karni chahiye taakay uska kaarobaar behtar ho aur uskay maal o asbaab mei izaafa ho. Iss kay ilawa apni poori koshish karo ke ussski Daulat mehfooz rahay aur usskay haalaat aur behtar houn.

Aathwaan Hukam
Tu apnay parosi kay ghar ka laalach na karna.

Iss ka kya matlab hai? *Jawaab:* Humein khudda kay khauf mei uss se muhabat rakhni chahiye. Taakay hum chaalaki ya hoshiyari se apnay parosi, apnay parosi ki warasit ya ghar ka qabza na karein. Na he kisi sharieh ya qanooni kaarawai kay bahanay se balkay usski khushali ko qaim rakhnay mei usski madad karein.

Daswaan Hukam
Tu apnay parosi ki biwi ka laalach na karna, na usskay Ghulam. Na usski laundi, na usskay bail na usskay gadhay ka aur na usski kisi cheez ka jo usski hai.

Iss ka kya matlab hai? *Jawaab:* Humein khudda kay khauf mei uss se muhabat rakhni chahiye taakay hum apnay parosi ko na warghala kar, na aghwa kar kay aur na farokht kar kay dhokay se usski biwi, Ghulam aur muwaishi se alag karein balkay unko apnay maalik kay saath rehnay ki targheeb dein taakay who apna farz ahsan tareeqay se poora karein.

Inn tamam ahkamaat kay khulasay ki babit khudda kya farmata hai?

Jawaab: Kharooj 20 baab ki 5 aur 6 aayaat mei who fermata hai:

> Tu unkay aagay sajjda na karna, aur na unki ibadat karna kyunkay mein tera khudda ghayoor khudda houn aur jo mujh se adawat rakhtay hain, unki aulaad ko teesri aur chouthi pusht tak baap dada ki badkaari ki saza daita houn. Aur hazaroun par jo mujh se muhabat rakhtay aur meray hukmoun ko manentay hain raham karta houn.

Iss ka kya matlab hai? *Jawaab:* Jo koi inn ahkaam ki khilaafwarzi ya hukam adooli karta hai khudda usko saza dainay ki dhamki daita hai. Iss liye khudda kay kaher se khaufzada hona chahiye aur innahkamaat ki khilaafwarzi nahi karni chahiye. Magar jo inn hukmoun par amal katay hain, unn par who apna fazal aur barkaat bakhshnay ka waddah karta hai. Iss liye humain uss par bharossa aur muhabat karni chahiye aur apni tamaam zindagi, josh, aur sargarmi se uss kay ahkaam maan kar bassar karni chahiye.

II

Aqeeda

*Ghar ka sarbarah apnay khandaan ko kaisay
aasaan tareeqay se ye sikah sakta hai.*

Pehla Mazmoon: Takhleeq

*Mein imaan rakhta/ rakhti hou khudda qadir e mutliq
baap par, jo aasmaan aur zameen ka khaliq hai.*

Iss ka kya matlab hai? *Jawaab:* Mein imaan rakhta/ rakhti houn
kay khudda nay mujhay aur saari makhlooqat ko bannaya,
aur yeh kay uss nay mujhay, merray jism aur rooh, ankhein,
kaan, aur merray aazaa, mera nuqt aur merray saaray hawaas
ko qaim rakhaa. Unn kay illawwa uss nay mujhay khooraak o
poshaak, ghar aur ghar baar, biwi/ khawand aur aulaad, jageer
aur muwaishee aur maal o mattaa bohat buhtaat say rozana
atta ki hain, jo mujhay jism aur zindagi kay liye darker hain.
Who myjhay har taraah kay khatraat say mehfooz rakhtaa
hai aur meri jaan ko apnay khas pidrana Shafqat aur raham
say burraiye say bachaataa hai, who yeh sab beghar meri kisi
qabliat kay meray liye karta hai. Mujh par yeh laazim hai mein
usska shukkar adda karoun, bulund awaaz say usski hamd o
tamjeed karoun, usski khidmat karoun aur usska hukam bajaa
laoun. Yeh sab uakeenun sach hai.

Doosra Mazmoon: Rahaai/ Chutkarara

*Aur usskay iklotay baitay humaray khudawand yessu
masih par, jo rooh ulquds ki qudrat say pait mei para,
kunwari Maryam say paida hua, peintus pilatoos kay
ahad mei dukh uthaayaa, masloob hua, mar gaya aur
daffan hua, aalam e arwah mei uttar gaya, teesray din
murdoun mei say jee uthaa aur aasmaan par charh gaya
aur khudda qadir e mutlak baap ki dahni taraf baitha
hai, jahan say who zindoun aur murdoun ki adalat kay
liye aanay waalla hai.*

Iss ka kya matlab hai? *Jawaab:* Mein imaan rakhtaa/ rakhti
houn kay yessu Maseeh haqeeqi khudda jo azli baap say paida
hua, aur haqeeqi insaan jo kunwaari Maryam say paida hua,
mera khuddawand hai, jis ne mujhay, jo ek gumrah aur qabel e
muzammat makhlooq houn, merray tamaam gunahoun, maut
aur shaitaan kay chugal say churaiya aur bachaayaa. Na kisi
sonnay ya chaandi say balkay apnay paak aur qeemiti khoon
say, apni takleefde aur bay gunnah maut say, taakay mein sirf
usska/ usski houn aur usski sutanat mei khidmat kartay huay
mein humesha ek raastbaaz, naik, Mubarak aur bay gunnah
zindagi guzaroun. Jaisay who murdoun mei say jee uthaa,
zindaa hua aur humesha kay liye baadshaahi karega. Yeh sab
uakeenun sach hai.

Teesra Mazmoon: Taqdees

*Mein imaan rakhta/rakhti houn rooh ul quds par, paak
kul kaleesia par, muqadusoun ki sharaqat, gunnahoun
ki muaafi, jism kay jee uthanay aur humesha ki zindagi
par. Ameen.*

Iss ka kya matlab hai? *Jawaab:* Mein imaan rakhtaa/ rakhti
houn kay mein na apni kisi wajah say, na taaqat say na kisi
zaryie say khudaawand yessu masseh par imaan laa saktaa/

sakti houn. Balkay yeh kay rooh ul quds nay anjeel kay zariye mujhay apnay tahaif say rooshanaas karwaya, meri taqdees ki aur mujhay haqeeqi imaan mei qaim rakha hai. Issi tarah woh kaleesiyai aam ko bulaataa, aketha kartaa aur sikhaataa hai aur usski taqdees karta hai aur ussko khudaawand yessu Maseeh mei ek haqeeqi imaan mei qaim rakhtaa hai. Woh iss paak kaleesiya mei mujh ko aur sab imaandaaroun ko apnay barray raham say rozaana muaaf karta hai. Aur roz e aakharat woh hum sab ko maut mei say zindaa karray gaa aur mujhay aur woh sab jo Maseeh par imaan rakhtay hain humesha ki zindagi atta karegaa. Yeh sab yakeenun sach hai.

III

Duwaiay Rabbani

Ghar ka sarbarah apnay khandaan ko kaisay aasaan tareeqay se ye sikah sakta hai.

Iss ka kya matlab hai? *Jawaab:* Khudda humein barray piyaar say iss chottay say tuaruff ki daawat daita hai kay uss ka yaqeen karo kay wohi sachaa baap hai aur hum uskay sachay baitay aur baitiyaan hain taakay hum ussko barray eteqaad kay saath pukaar sakein jiss tarah hum piyaaray bachoun ko apnay waledain say yaqeen say mangettay huay daikhtay hain.

Pehli darkhuaast
Tera naam paak mana jai.

Iss ka kya matlab hai? *Jawaab:* Khudda ka naam yaqeenun uss mei muqadas hai lekin iss darkhuaast mei hum apnay darmiyaan bhi usskay naam ko muqadas therraatay hain.

Ye kis tarah ho saktaa hai? *Jawaab:* Jab khudda ka naam pakeezgi aur mukhlassaana tareekay say sikhaaya jaataa hai tau hum bhi apni zindagi uss kay mutabiq guzarrtay hain jaissay khudda kaybaitay aur baitiyoun ko guzaarinni chahiye. Humara piyara aasmaani baap yeh karnay mei humaari maddad kartaa hai. Balkay jo bhi kalam kay barakks taleem daitaya ya uss kay mutabaq zindagi nahin guzaartaa woh khudda kay naam ki tauheen karta hai. Magar aissa nahin hona chahiye balkay iss ko roknna chahiye.

Doosarri darkhuaast

Teri baadshahi ayae.

Iss ka kya matlab hai? *Jawaab:* Khudda ki baadshahi humarrri duwaon kay beghair pehlay he say hai. Magar iss duwaa mein hum uss ki baadshahi humaray darmiyaan bhi honnay ki darkhuaast kartay hain.

Ye kis tarah ho saktaa hai? *Jawaab:* Jab humara aasmaani baap humein rooh ul quds atta karta hai, tau humein uss kay paak kalam par imaan laanay ka fazal atta hota hai. Aur na sirf abhi balkay aanay wali humesha ki zindagi mei bhi deendaar zindagi guzarein.

Teesri darkhuaast

Teri marzi jaisay aasmaan par poori hoti hai zameen par bhi ho.

Iss ka kya matlab hai? *Jawaab:* Achay aur meherbaan khudda ki marzi humari duwaa kay beghair bhi poori hoti hai, magar jab hum duwaa mei us ski darkhaast kartay hain toa usski marzi humaray darmiyaan bhi poori hoti hai.

Ye kis tarah ho saktaa hai? *Jawaab:* Humaara khudda har uss sharer mansoobay, irradday aur koshish jo shaitaan ki marzi say hai ya duniyawi ya humarray jism say hai roktaa aur nakaam karta hai. Shaitaan humein khudda ki marzi poori honnay say baaz rakhnay ki koshish kartaa hai, taakay khudda kaa naam paak naa maana jai ya us ski baadshahi hum tak pohunchay. Aur jab woh apnay kalam say humein imaan mei saabat qadam aur mazboot, zindagi kay ikhtamaam tak qaim rakhta hai tau ye uski achi aur purfazal marzi hai.

Chothi darkhuaast
Humein roz ki roti dai.

Iss ka kya matlab hai? *Jawaab:* Khudda yaqeenun hum sab ko duwaa kay beghair bhi rozaana ki roti daitaa hai, sharer aadmi ko bhi. Lekin hum iss darkhuaast mein duwaa kartay hain kay khudda humein iss barkat ko pehchaanunay ka fazal atta karay taakay hum rozana ki roti shukar guzaari kay saath haasal karein.

Rozaana ki roti say kya muraad hai? *Jawaab:* Rozaana ki roti say muraad har woh cheez jo humaari zaroorat kay muwafiq hai aur zindagi ki baqaa kay liye zaroori hai, jaissay, khooraak, poshaak, ghar aur gharailu ashieyaa, khait, muwaishi, paisa, Daulat, naik jeewan saathi, naik aulaad, imaandaar naukar, imaandaar aur wafadaar hukaam e baala, mustehaikum hakoomat, achaa Mausam, sakoon, sehat, nazm o zabt, izzat, naik dost, wafadaar parosi aur issi tarah ki baki cheezain.

Panchveein darkhuaast
Aur humaaray qasooroun ko muaaf kar,
kay hum bhi apnay qasoorwaroun ko muaaf kartay hain.

Iss ka kya matlab hai? *Jawaab:* Hum khudda say ye darkhuaast kartay hain kay woh humarray gunnahoun ki jaanch partaal naa karray aur humaari duwaa ko unn ki wajah say mustarrad na karray. Kyunkay hum na unn cheezoun ko jo hum maangtay hain haqdaar hain naa he hum unn ko kamma saktay hain. Hum phir bhi unko maangtay hain kyunkay woh apni paak marzi say woh sab apnay nehaayiat he fazal aur raham say humein atta karta hai. Har roz hum beshumaar gunnah kartay hain aur beshak hum kisi cheez kay mustehaq nahi balkay sirf saza kay laaiq hain. Iss kay badlay humein chahiye kay hum apnay dil say unn sab ko muaaf karein jo humarray gunnahgaar hain aur khoosi say baddi kay badlay naiki karein.

Chatti darkhuaast

Aur humein aazmaish mei naa daal.

Iss ka kya matlab hai? *Jawaab:* Yaqeenun khudda kisi ko nahi aazmaata. Iss darkhuaast mei hum ye duwaa kartay hain kay woh humaara muhafiz ho aur humein shaitaan, duniya aur humara jism humein dhokay say humaaray sachay imaan say behkaa naa sakkay. Aur humein tuahum parasti, kufirr, maayoosi aur doosaray barray jaraaim aur burraiyoun say khaaskar jab hum kisi musibbat ya aazmaish mei mubtalaa houn, hum ko shakist na day sakein. Balkay hum akhir mein inn sab par qaboo paa kar fateh haasil kar sakein.

Saatveen darkhuaast

Balkay burraiye say bachaa.

Iss ka kya matlab hai? *Jawaab:* Hum iss darkhuaast kay khulaasay mei yeh duwaa kartay hain kay humaara aasmaani baap humein tamaam baddi, jism aur rooh, naiki aur izzat kay khilaaf khattraat say churrai gaa. Aur akhir mei jab humari maut ka waqt aye ga tau humein zindagi ka Mubarak khaatma atta karega aur apnay naik fazal say hum ko uss ghamnaak waddi say apnay paas aasmaan par lay jaiga.

Aathwein darkhuaast

Kyunkay baadshahi aur qudrat aur jalaal abad tak terra he hai.
Ameen.

Iss ka kya matlab hai? *Jawaab:* 'Ameen' ka matlab haikai mujhay yaqeen hai kay meri saari darkhuaastein aasmaani baap kay hazoor suni aur qabool ki jaa rahi hain. Aur uss nay khud yeh hukam jaari kiya hai kay iss tarah duwaa mango, aur unko sunnenay ka waada kiya hai. Ameen sum ameen, baishak haqeeqat mei aissa he ho.

IV

Paak Baptisma ka Sacrament

Khandaan kay sarbarah ko chahiye kay woh apnay ghar walloun ko saada tareekay say is ki Taaleem day.

Pehla

Baptisma say kya muraad hai? *Jawaab:* Baptisma mehiz saada paani nahi balkay yeh woh paani hai jo kay hukkam mei samajh kar khudda kay kalaam say munsaliq hai.

Khudda ka woh kalam kya hai? *Jawaab:* Humaray khuddawand yessu masih Matti 28 baab aur 19 ayat mei farmatay hain "pas tum ja kar sab qomoun ko shagird banao aur unnko baap aur baitay aur rooh ul quds kay naam say baptisma dou".

Doosra

Baptisma say kya hasil hota hai ya kya faida hota hai? *Jawaab:* Yeh humaray gunnahoun say bakhshish kaa kaam karta hai, maut aur shaitaan say bachaataa hai aur unn sab par jo uss par imaan rakhtay hain, abdi najjaat bakhshtaa hai. Jaissa kay khudda apnay kalaam aur waadoun ka bayaan kartaa hai.

Khudda kay woh kon say kalaam aur wadday hain? *Jawaab:* Humaraa khuddawand yessu maseeh Marqas 16 baab ki 16 ayat mei farmaataa hai, "Jo imaan laaye aur baptisma laay woh

najaat paaiy gaa aur jo imaan na laaye woh mujram theraya
jaaiga".

Teesra

Paani itna barray kaam kaisay kar saktaa hai? *Jawaab:* Sirf
paani yakeenun itnay barray kaam nahi kar saktaa, magar
khudda kaa kalaam jo paani kay ander hai aur saath hai, aur
imaan, jo yakeen uss khudda kay kalaam mei hai yeh mumkin
kartaa hai.

Kyunkay khudda kay kalaam kay beghair yeh paani
saada pani hai aur baptisma nahi. Magar yeh baptisma
khudda kay kalaam kay saath yeh paani purfazal
zindagi ka pani, aur rooh ul quds mei takhleeq e nau
ki dhulai ka ban jaata hai. Jaisay paulous Rasool Titus
3 baab 4-7 ayaat mei farmaata hai "Magar jab humaray
munjee khudda ki meherbani aur insaan kay saath
usski ulfat zahir hui. Tau uss nay hum ko najaat dee
magar raasbaazi kay sabub say nahi jo hum nay khud
kiye balkay apni rehmat kay mutabiq nai paidaish kay
ghussal aur rooh ul quds kay humein naya banana
kay waseela say. Jissay uss nay humaray munjee yessu
maseeh ki maarfat hum par afraat say nazil kiya. Taakay
hum usskay fazal say raastbaaz theher kar humeshaa ki
zindagi ki umeed kay mutabiq waaris banein".

Chautha

Paani say baptisma say kya muraad hai? *Jawaab:* Iss say muraad
hai kay rozaana ki sachi tauba say uss puraanay adam ko jo
humarray ander hai uskay saaray gunnahoun aur shaitaani
khuwashihaat kay saath maar kar gharq karein aur phir naya
adam rozburoz naiy sirray say zindaa ho taakay khudda kay
hazoor raastbaazi aur daimi paakeezgee kay saath qaim rahay.

Yeh kahan likha hai? *Jawaab:* Pauloos Rasool romiyoun 6 baab 4 ayat mei farmaatay hain, Pas maut mei shaamil honnay kay baptisma kay waseelay say hum usskay saath daffun huay taakay jis tarah maseeh baap kay jalaal kay waseely say murdoun mei say jilaya gaya ussi tarah hum bhi nai zindagi mein challain.

V

Iqraar

Aam logon ko yeh taleem kaisay dee jai.

Iqraar kiya hai? *Jawaab:* Iqraar kay dou hissay hain. Pehla gunnahoun ka iqraar aur doosra apnay paasbaan say beghair kisi shak kay jaisay khudda say muafi aur maarfat paatay hain. Aur iss baat ka pukhta yakeen karein kay humaaray gunnah aasmaani khudda nay humarray iqraar ki wajeh say muaaf farmaiy hain.

Humain kon se gunnahoun ka iqraar karna chahiye? *Jawaab:* Na sirf humain khudda kay saamnay apnay tamaam gunnahoun ka iqraar karna chahiye, woh gunnah bhi jin say hum waqif nahi hain, jiss tarrah hum duaa e rabbani mein kartay hain. Lekin paasbaan kay saamnay humain unn gunnahoun ka iqraar karna chahiye jiss say hum waqif hain ya apnay dil mein mehsoos katay hain.

Woh kon say gunnah hain? *Jawaab:* Yahan, har sakhs ko apni zindagi ki mukhtalaf haisiyat aur das ahkaam kay mutaabiq ghor karna chahiye. Kahin aap nay ek baap/ maa, baita/ baiti, maalik/ maalkin ya naukar ki haisiyat say kabhi naafarmaan, bewafaa ya kahil tou nahi rahay, ya aap nay kabhi kisi ko apnay kaam ya kalam say kisi ko dukh puhnchaiya ho, kabhi koi chori ki ho, ghaafal rahay houn, kuch zaiyah kiya ho ya kisi ko nuqsaan puhnchaiya ho.

Iqraar ki mukhtassar shakal
Aam logoun kay liye

Aap paasbaan kay saamnay iss tarah boliye. Qabil e ahtaraam padri sahib mein aap say guzarish karta/ karti houn kea ap mera iqraar sunein aur khudda kay wastay uski muafi ka elaan karein.

Jaari rakhiye

Mein ek nacheez gunnahgaar khudda kay saamnay iqraar karti/ karti houn ke mein tamaam gunnahoun kaa/ ki mujram houn. Khaas kar mein iqraar kata/ karti houn ke mein ek naukar/ naukarani houn maggar mein nay wafadaari say anay maalik ki khidmat nahi ki aur jo merray maalik/ maalkin nay hukum kiya tha mein nay woh na kiya aur na karna tha. Balkay mein nay apni harkat say ussay uksaaya ke woh mujhay burraa bhallaa kahay. Mein nay bohat see baatoun mein ghaflat barti aur nazar andaaz kar ke ussay nuqsaan puhnchaiya. Mein apnay qaul o fail par sharminda na huaa/ hui, baisabri barti aur apnay saathiyoun say jhaghra kiya. Ghar ki maalkin par burbarrayaa/ burbarrayi aur ussay kossa. Inn tamaam baatoun ka mujhay afsos hai aur mein sharminda houn aur terray fazal ki bheek maangta/ maangti houn. Mein iss say behtar karna chahitaa/ chahiti houn.

Ek ghar ka maalik ya maalkin iss tarah keh saktaa/ sakti hai:

Mein aapkay hazoor khaas taur par ye iqraar karta/ karti houn ke mein apnay khandaan ko, apni/ apnay shareeq e hayyat, aulaad aur naukaroun ko khudda kay jalaal kay liye deendaari say taleem o tarbiyyat dainay mei mustaed nahi tha/ thi. Mein nay laanat malaamat ki aur khudda ka naam ghalat istemaal kiya. Mein nay burray ilfaaz aur aamaal say burri misaal qaim ki. Mein nay apnay parrosi ko nuqsaan puhnchaiya aur ussay dukh diya. Ghalat wazan aur peimaish istemaal kar ke dhokay say samaam baicha. Issi tarah har sakhs apnay paishay kay hisaab say, jo kuch bhi uss nay khudda kay ahkaam kay khilaaf kiya, uska aitaraaf karay.

Lekin agar kisi ko ye mehsoos ho ke uss par iss kism kay gunnahoun ka bojh nahi hai tou ussay chahiye ke us ski fikr na karray aur na he pareshaan ho kar doosaray gunnahoun ko talaash karray ya eejaad karray. Iss tarah wo hiss aitaraaf ko azziyat bana lay gaa/ gi. Ussay chahiye ke woh ek ya do gunnahoun ka zikr karray jis kay baaray mein ussay ilm ho.

Jaisay kay: Mein khaas taur par iqraar kartaa/ karti houn kay mein nay khudda ka naam befaida liya aur ghalat ilfaaz istemaal kiye, mein nay iss ko ya uss ko nazar andaaz kiya wagaira. Ye kaafi hai aur iss tarah apni rooh ko sakoon say rehnay do.

Lekin agar aap ko kissi bhi aissi cheez ya baat ka ilm nahi (jo ke amali taur par namumkin hona chahiye) tou aap bhi khaas taur par kuch aissa ziker na karein, balkay khudda ki hazoori mein apnay paasbaan kay saamnay iqraar kar kay muaafi haasal karein.

Phir paasbaan ko yun kehna chahiye: Khudda aap par raham farmaiy aur tumharay emaan ko mazboot karray. Ameen.

Paasbaan iqraar dehanday ko mazed kahay: Kya tum emaan rakhtay ho kay meri muaafi khudda ki muafi hai?

Jawaab: Jee haan, padri sahib.

Paasbaan phir muaafi ka yakeen qabool karnay wallay imaandaar say kahay: Aaap kay saath aisaa he ho jaisaa aap yakeen rakhtay ho. Aur ab humaaray khuddawand yessu masih kay hukum kay waseelay say khudda baap, baitay aur paak rooh kay naam mein, aap ko aap kay sab gunnahoun ko muaaf kartaa houn. Ameen. Salaamati say jaain.

Woh log jo apnay zameer say bohat ziyaada pareshaan , ya aazmaishoun aur mayoosi kay shikaar hain. Paasbaan ko maloom hai ke unhein saheefoun kay iqtabaasaat say tasalee di jaai, jo unkay emaan ki mazbooti mein izaafaa karray gi. Aitraaf ki ye shakal/kisim jo hum ne abhi rakhi hai woh mehaz bachkaana hai. Aur ye aam shakal saada aur ghair taleem yafta logoun kay liye hai.

VI

Mazbah/ Qurbaan Gah ki Sacrament

Ghar kay sarbarah ko apnay khaandaan ko aasaan tareeqay say yun sikhaana chahiye:

Qurbangah ki mutabarak rasam kiya hai? *Jawaab:* Qurbaan gah ki mutabarak rasam dar haqeekat maseeh yessu ka badan aur khoon hai, jo uss nay hum maseehiyoun ko khaanay peenay kay liye, Maseeh nay khud qaaim kiya hai.

Ye kahaan likhaa hai? *Jawaab:* Muqadas mubashareen [Matti 26 baab 26 aayat, Marqas 14 baab 22 aayat, Lukka 22 baab 19 aayat] aur Pauloos Rasool (1 Corrinthiyoun 11 baab 23 aayat) mein youn tahreer kartay hain:

> Humaray khuddawand yessu Maseeh , jis raat woh pakarwaaya gaya, roti lee aur barkat day kar toree aur shagardoun ko day kar kaha, "lo, khaao, ye mera badan hai. Meri yaadgaari kay liye yehi karo."
> Aur issi tarah khaanay kay baad piyaalaa lay kar shukar kiyaa, aur unn ko daikar kahaa, "tum sab iss mein say peeyo. Kyunkay merray iss khoon mein naya ehad hai tumharay waastay bahaaya jaata hai. Aur jab bhi kabhi peeyo meri yaadgaari kay liye yehi karo."

Magar iss kay khaanay aur peenay kaa kiya faidaa hai? *Jawaab:* Yeh inn ilfaaz say zahir hotaa hai:

"Tumharay gunnahoun ki muaafi kay waastay bahaya gaya."

Yanni, humein gunnahoun ki muaafi, zindagi aur najaat inhi ilfaaz kay zariye milti hai. Kyunke jahaan gunnah ki muaafi hai, wahaan par najaat aur zindagi hai.

Aissay azeem kaam, jismaani taur par khaannay aur peenay say kaissay ho saktay hai? *Jawaab:* Yakeenun mehiz khaanay peenay say he nahi ho saktay, balkay unn ilfaaz say jo yahaan likhay hain: "Tumharay gunnahoun ki muaafi kay wastay bahaayaa gayaa." Ye ilfaaz, jismaani khaanay aur peenay kay saath iss rasam mei iss ka markaz aur khulaasa hai. Jo inn ilfaaz, gunnahoun ki muaafi par emaan laata hai, woh wohi karta hai jo woh kehtay aur zaahir kartay hain.

Iss paak rasam ko kaun baaizzat tareekay say qabool karta hai? *Jawaab:* Roza rakhna aur jismaani tayaari yaeenun ek behtareen bairooni tarbiyat hai. Magar jo koi inn ilfaaz:

"Tumhaaray gunnahoun ki muaafi kay waastay diyaa gayaa aur bahaaya gayaa" par emaan rakhtaa hai, haqeeqi taur par laaiq aur umdaa taur par tayyaar hai. Lekin jo koi inn ilfaaz par yakeen nahi rakhta yaa shak karta hai woh naa tou iss ka ehal hai naa iss kay liye tayyaar. Kyunkay ye ilfaaz "tumharay waastay" har dil say emaan laanay ka takaaza kartay hain.

Rozaana Ki Duaayain

Khandaan kay sarbarah ko aasaan ilfaaz mein apnay
ghar baar ko suboh shaam ki duaa karni sikhaani chahiye.

Subaah ki duaa

Jab aap subaah uthtay hain, aap apnay aap ko saleeb ka nishaan
bana kar barkat dein aur kahein:

Baap, beta aur rooh ul quds kay naam par. Ameen.

Phir ghuttnay tek ka rya kharray ho kar, aqeeday aur duaay
rabbani ko duhrain. Agar aap chahein tou ye mukhtasir duaa
bhi shaamil kar saktay hain:

Merray piyaaray aasmaani baap mein terray piyaaray
baitay yessu Maseeh kay waseelay say tera shukar
karta/ karti houn kay tu nay saari raat mujhay har
kissim kay khataraat aur nuqsaanaat say mehfooz
rakhaa. Aur mein duaa karta/ karti houn kay aaj bhi
mujhay tu gunnah aur baddi say bachaa kar rakhay
gaa. Taakay merray sab amaal aur zindagi say aapki
khushnoodi millay. Kyunkay mein apnay aap ko,
apnay jissim o jaan aur tamaam cheezoun ko terray
supard karta/ karti houn. Terra paak farishta merray
saath rahay, taakay sharer dushman ka mujh par koi
ikhtiaar na ho. Ameen.

Phir shaadmaani kay saath, geet gaatay huay, jaissa ke das ahkaam jo aap ko aqeedat kay taur par tajweez karay, apnay kaam par jaaein.

Shaam Ki Duaa

Shaam ko jab aap sonnay kay liye apnay bister par jaaein tau aap apnay liye saleeb ka nishaan bana kar barkat dein aur kahein:

Baap, beta aur rooh ul quds kay naam par. Ameen.

Usskay baad ghuttnay tek ka rya kharray reh kar, aqeeday aur duaay rabbani duhrain. Agar aap chahein tou ye mukhtasir duaa bhi shaamil kar saktay hain:

Merray piyaaray aasmaani baap mein terray piyaaray baitay yessu Maseeh kay waseelay say tera shukar karta/ karti houn kay tu nay mujhay apnay barray fazal say aaj kay din qaaim rakha, aur mein duaa karta/ karti houn kay merray tammaam gunnah aur burray kaamoun kay liye mujhay muaaf farmaa aur aaj ki raat bhi mujhay mehfooz rakh. Kyunkay mein apnay aap ko, apnay jism o jaan aur sab cheezoun ko terray hawallay karta/ karti houn. Terra paak farishta merray saath rahay taakay shareer dushman ka mujh par koi ikhtaiyaar na ho. Ameen.

Phir forri taur par Khushi kay saath sonnay challay jaiye.

Ghar kay sarbaraah ko apnay ghar walloun ko barkat maanganay aur shukar adaa karnay ki Taaleem kaissay daini chahiye.

Barkat Manganna

Bachaay ahil o ayaal aur naukar, baaadab tareekay say mez par apnay haath baandhein aur kahein:

> Aye khuddaawand! Sab aankhein tujh par lagein hain aur har bashar ko waqt par khooraak ataa farmaataa hai. Tu apni muthi kholtaa hai aur har jaandaar ki khuaahish poori kartaa hai.

> Note: Mutmeinn/ khuaahish poori ka matlab ye hai ke tamaam janwaroun ko jitna unkay liye zaroori hai khaanay kay liye miltaa hai. Issi mein unki bhallaaie hai aur khooshi. Laalich iss Khushi mein rukaawat ka baies hai. Phir duaa e rabbaani aur mundarja zail duaa ki jai:

> Khuddaawand khudda, humaarray aasmaani baap, hum par teri barkat ho aur inn sab naimatoun par bhi jo tu nay apni kamaal meherbaani aur naiki say humaaray yessu Maseeh kay waseelay say humein ataa ki hain, teri barkat chahatain hain. Ameen.

Shukar adaa karnaa

Issi tarah khaannay kay baad bhi moudbaannaa taur par haath bandh kat kahein:

> Khuddaawand ka shukar karro kyunkay woh bhallaa hai. Uski Shafqat abdi hai. Woh tamaam bashar ko khooraak mohiya kartaa hai. Woh tamaam haiwanaat aur kawway kay bachoun ko jab woh bhook se kaain kaain kartay hain khooraak ataa karta hai. Uski khooshnoodi na ghorray kay zor mein hai na aadmi

ki taangoun say ussay koi Khushi hai. Khuddaawand unn say khush hai jo uss say dartay hain aur unn say jo uski Shafqat kay umeedwaar hain.

Phir duaaiy rabbaani kay baad mundarja zail duaa karein:

Piyaaray aasmaani baap humaaray khuddaawand khudaa yessu Maseeh kay waseelay say terri bakshishoun ka shukar kartein hain, jo zinda aura bad tak hakoomat karta hai. Ameen.

Faraaiz Ki Fahrist

Sahaaif kay muqarera hissay mukhtalif muqadas mataboun, uhadoun, unn kay faraaiz aur zimadarriyoun kay mutaulik unn ki rehnumaai kartay hain.

Bishopoun, passbaanoun aur mubalgheen kay liye:

"Pas nighabaan ko beilzaam, ek biwi ka shohar, parhaizgaar, mutaqee, shaista, musaffirparwer aur Taaleem dainay kay laaiq hona chahiye. Nusha mein ghul machaanay waalla ya maar peet karnay waalla na ho balkay Haleem ho. Na takraari n azar dost. Apnay ghar ka bakhoobi bandobust karta ho aur apnay bachoun ko kamaal e sanjeedgi say taabae rakhta ho. (Jab koi apnay ghar he ka bandobast karna nahi jaanta tou woh khuddaa ki kaliessia ki khabbargeeri kyunkar karega?) Naumureed na ho taakay takubar kar kay kahin iblees ki see saza na paye. Aur bahir walloun kay nazdeek bhi naik naam hona chahiye taakay mulaamat mein aur iblees kay phanday mein na phansay." 1 Themothius 3 baab 2-7 aayaat.

"Kyunkay nighabaan ko khuddaa kaa mukhtar honnay ki wajah say bayilzaam hona chahiye na khudsar ho, na ghussawar. Na nusha mein ghul machaanay waallaa. Na maar peet karnay waallaa aur na naajaaiz naffa ka laalchee. Balkay musaafar parwar, khair dost, mutaqee, munsaf mizaaj, paak aur zabt karnay waalla ho. Aur emaan kay kalam par jo iss Taaleem kay muaffiq hai qaim ho taakay saheeh Taaleem kay saath naseehat bhi kar sakaay aur mukhaalfoun ko ka-el bhi kar sakaay." Titus 1 baab 7-9 aayaat.

Sam-e-een apnay paasbanoun ko kyaa adaa karein

"Issi tarah khuddaawand nay bhi muqarar kiya hai kay khuskhabri kay waseelay say guzaara karein." 1 Karinthiyoun 9 baab 14 ayat.

"Kalaam ki Taaleem paanay waalaa Taaleem dainay waallay ko sab achee cheezoun mein shareek karray." Galatiyoun 6 baab 6 ayat.

"Jo buzarg achaa intezaam kartay hain. Khaas kar woh jo kalam sunanay aur Taaleem dainay mein mehnat kartay hai dockhand izzat kay laiq samjhay jaen. Kyunkay kalam-e-muqadas ye kehti hai kay daaein mein chaltay huay bael ka munh na baandhana aur mazdoor apni mazdoori ka haqdaar hai." 1 Themothius 5 baab 17-18 aayaat.

"Apnay peshwaayon kay farmabardaar aur taabeh raho kyunkay woh tumhari roohoun kay faiday kay liye unki tarah jaagtaay rehtay hain, jinhein hisaab dena paregaa taakay woh Khushi say yeh kaam karein na ke ranj say kyunkay issi surat mein tumhein kuch faida nahin." Ibraniyoun 13 baab 17 ayat.

Hakoomat kay liye

"Har sakhs aala hakoomatoun ka taabedaar rahay kyunkay koi hakoomat aisee nahi jo khuddaa ki taraf say na ho aur jo hakoomatein maujood hain woh khuddaa ki taraf say muqarar

hain. Pas jo koi hakoomat ka saamna kartaa hai woh khuddaa
kay intezaam kaa mukhaalif hai aur jo mukhaalif hai woh saza
paien gay. Kyunkay naikokaar ko haakmoun say khauf nahi
balkay badkaar ko hai. Pas agar tu haakam say nedar rehnaa
chahitaa hai tou naikee kar. Uski taraf say teri tareef hogi.
Kyunkay woh teri behtaree kay liey khuddaa ka khaadam hai
lekin agar tu badi karay tou darr kyunkay woh talwaar bayfaida
liye huay nahi aur khuddaa ka khaadam hai kay uskay ghazab
kay muaafiq badkaar ko saza daitaa hai." Romiyoun 12 baab 1-4
aayaat.

Hukmaraanoun kay liye sheheriyoun kay faraaiz

"Iss par uss nay unn say kahaa pas jo qaisar ka hai qaisar ko aur
jo khuddaa ka hai khuddaa ko adda karo." Matti 22 baab 21 ayat.
"Pas tabiadaar rehna na sirf ghazab kay darr say zaroor hai
balkay dil bhi yehi gawahee daita hai. Tum issi liye khiraaj
bhi daitay ho ke woh khuddaa kay khaadam hain aur iss
khaas kaam mein mashghool rehtay hain. Sab ka haq addaa
karo. Jisko khiraaj chahiye khiraaj do. Jisko mahsool chahiye
mahsool. Jis say darna chahiye uss say darro. Jiski izzat karna
chahiye uski izzat kar." Romiyoun 13 baab 5-7 aayaat.

"Pas mein sab say pehlay ye nasihat karta houn kay munajaatein
aur duwaayien aur iltajaien aur shukarguzaariyaan sab
aadmiyon kay liye ki jaien. Baadshahoun aur sab barray
murtaba waalloun kay waastay iss liye kay hum kamaal-
e-deendaari aur sanjeedgi say aaraam kay saath zindagi
guzaarein." 1 Themothius 2 baab 1-2 aayaat.
"Unko yaad dila kay haakmoun aur ikhtiyaar waalloun kay
tabeh rahein aur unkaa hukum manein aur har naik kaam
kay liye mustaed rahein. Kisi ki badgoi na karein. Takraari na
houn balkay naram mizaaj houn aur sab aadmiyoun kay saath
kamaal haleemi say pesh aiyein." Titus 3 baab 1-2 aayaat.
"Khuddaawand ki khaatar insaan kay har ek intezaam kay

taabeh raho. Baadshah kay iss liye ke woh sab say buzurg hai. Aur haakmoun ke iss liye ke woh badkaaroun ki sazaa aur naikokaaroun ki taareef kay liye bhaijay huay hain. Kyunkay khuddaa ki ye marzi hai ke tum naikee kar kay naadaan aadmiyoun ki jihaalat ki batoun ko bund kar do." 1 Patras 2 baab 13-15 aayaat.

Shoharoun kay liye

"Aye shoharo! Tum bhi biwiyoun kay saath akalmandi say basar karo aur aurat ko naazuk zarf jaan kar uski izzat karo aur yun samjho ke hum dono zindagi ki naimat kay waaris hain taakay tumhari duwain ruk na jaaien." 1 Patras 3 baab 7 ayat.

"Aye shoharo! Apni biwiyoun se muhabat rakho aur un say talkh mizaaji na karro." Kulssiyoun 3 baab 19 ayat.

Biwiyoun kay liye

"Aye biwiyo! Apnay shoharoun ki aissay tabeh raho jaisay khudawand ki." Ifsiyoun 5 baab 22 ayat.

"Aye biwiyo! Tum bhi apnay shohar kay tabeh raho."
"Chunachay Sarah Abrahaam kay hukum mein rehti aur ussay khudaawand kehti thi. Tum bhi agar naiki karo aur kisi kay daraaway say na daro tou uski baitiyaan huien." 1 Patras 3 baab 1 aur 6 ayat.

Waaldain kay liye

"Aur aye aulaad waallo! Tum apnay farzindo ko ghussa na dillaao balkay khudaawand ki taraf say tarbiyat aur naseehat day day kar unki parwarish karo." Ifsiyoun 6 baab 4 ayat.

Aulaad kay liye

"Aye farzindo! Khudaawand mein apnay maa baap kay farmaabardaar raho kyunkayye wahjib hai. Apnay baap ki aur maa ki izzat kar (ye pehla hukum hai jiskay saath waada bhi hai). Tera bhallaa ho aur teri umer zameen par daraaz ho." Ifsiyoun 6 baab 1-3 ayaat.

Har kisim kay naukaroun kay liye
(Khaadam, khaadmaa, ujrat par rakhay gaiy mazdoor)

"Aye naukaro! Jo jisim ki ru say tumharay maalik hain apni saaf dilli say dartay aur kaamptay huay unkay aisay farmaabardaar raho jaissay Maseeh kay. Aur aadmiyoun ko khush karnay walloun ki tarah dikhaway kay liy khidmat na karo balkay Maseeh kay badoun ki tarah dil say khudaa ki marzi poori karo. Aur uss khidmat ko aadmiyoun ki nahi balkay khudaawand ki jaan kar jee say karo. Kyunkay tum jaantay ho kay jo koi jaisa achaa kaam karega khuaa ghulaam ho khuaa azaad khudaawand say waisa he paaiga." Ifsiyoun 6 baab 5-8 ayaat.

Malik aur malkan kay liye

"Aye maaliko! Tum bhi dhamkiyaan chor kar unkay saath aisa he salook karo kyunkay tum jaantay ho ke unkaa aur tumharaa dono ka maalik aasmaan par hai aur woh kisi ka tarafdaar nahi." Ifsiyoun 6 baab 9 ayat,

"Aye maliko! Apnay naukaroun kay saath ye jaan kar adel-o-insaaf karo ke aasmaan par tumhara bhi ek maalik hai." Kulsiyoun 4 baab 1 ayat.

Aam taur par naujawaanoun kay liye

"Aye jawaano! Tum bhi buzorgoun kay taabeh raho balkay sab kay sab ek doosray ki khidmat kay liye qamarbasta raho issliye kay khudaa maghrooroun ka muqabla karta hai magar farotanoun ko taufiq bakhsstaa hai. Pas khudaa kay qavi haath kay neechay farotani say raho taakay woh tumhein waqt par sarbuland karay." 1 Patras 5 baab 5-6 ayaat.

Baywaayon kay liye

"Jo waaqai baiwa hai aur uska koi nahi woh khudaa par umeed rakhti hai aur raat din munaajaat aur duwayon mein mashghool rehti hai. Magar jo aish-o-ishrat mein par gaie wo jeetay jee mar gaie hai." 1 Themothius 2 baab 5-6 aayaat.

Sab kay liye mushtarka taur par

"Aapas ki muhabat kay siwaa kisi cheez mein kisi kay qarzdaar na ho kyunkay jo jo doosaray say muhabat rakhtaa hai uss nay shariyat par poora amal kiya. Kyunkay ye baatein ke zin ana kar, khoon na kar, chori na kar, laaluch na kar aur unkay siwa aur jo koi hukum ho unn sab ka khulaasa iss baat mein paaya jaata hai ke apnay paroosi say apni manind muhabat rakh." Romiyoun 13 baab 8-9 aayaat.

"Pas main sab say pehlay ye naseehat kartaa houn ke munaajaatein aur duwaien aur iltajaien aur shukarguzaariyan sab aadmiyoun kay liye ki jaaien." 1 Themothius 2 baab 1 ayat.

Har koi apna sabaq ehtiyaat say yaad rakhay, aur tamaam ehal-e-khaana ka Bhalla ho.

www.ingramcontent.com/pod-product-compliance
Lightning Source LLC
Chambersburg PA
CBHW051337120626
46547CB00016B/2581